PROJETO DE LEITURA de Bolso

Uma experiência mágica por meio da literatura infantojuvenil, da ética, da poesia e da música

Maria Cristina Furtado

1ª Edição | 2020

© Arco 43 Editora LTDA. 2020
Todos os direitos reservados
Texto © Maria Cristina Furtado

Presidente: Aurea Regina Costa
Diretor Geral: Vicente Tortamano Avanso
Diretor Administrativo Financeiro: Mário Mafra
Diretor Comercial: Bernardo Musumeci
Diretor Editorial: Felipe Poletti
Gerente de Marketing
e Inteligência de Mercado: Helena Poças Leitão
Gerente de PCP
e Logística: Nemezio Genova Filho
Supervisor de CPE: Roseli Said
Coordenador de Marketing: Léo Harrison
Analista de Marketing: Rodrigo Grola

Realização

Direção Editorial: Helena Poças Leitão
Texto: Maria Cristina Furtado
Revisão: Rhamyra Toledo
Direção de Arte: Rodrigo Grola
Projeto Gráfico e Diagramação: Rodrigo Grola
Coordenação Editorial: Léo Harrison

```
       Dados Internacionais de Catalogação na Publicação (CIP)
            (Câmara Brasileira do Livro, SP, Brasil)

    Furtado, Maria Cristina
       Projeto de leitura de bolso : uma experiência
    mágica por meio da literatura infantojuvenil, da
    ética, da
    poesia e da música / Maria Cristina Furtado. -- 1.
    ed. -- São Paulo : ARCO 43 Editora, 2020.

       Bibliografia
       ISBN 978-65-86987-25-6

       1. Educação 2. Educação - Finalidades e objetivos
    3. Métodos de projetos no ensino 4. Prática de ensino
    5. Professores - Formação I. Título.

 20-36014                                   CDD-371.36
             Índices para catálogo sistemático:

       1. Projeto de ensino : Métodos : Educação    371.36

       Maria Alice Ferreira - Bibliotecária - CRB-8/7964
```

1ª edição / 1ª impressão, 2020
Impressão: Edições Loyola

Rua Conselheiro Nébias, 887 – Sobreloja
São Paulo, SP – CEP: 01203-001
Fone: +55 11 3226 -0211
www.editoradobrasil.com.br

PROJETO DE LEITURA de Bolso

Uma experiência mágica por meio da literatura infantojuvenil, da ética, da poesia e da música

Maria Cristina Furtado

Maria Cristina Furtado

Maria Cristina Furtado é Doutora em Teologia, Mestra e Teóloga (PUC-Rio). Fez Doutorado-sanduíche na Universidade de Roehampton – Londres. É Especialista em Educação (PUCRS) e Psicóloga (Newton Paiva-BH).

Escritora, palestrante, compositora e cantora, é autora da Editora do Brasil, com nove livros infantojuvenis, "fábulas" e "apólogos" que abordam ética, habilidades socioemocionais, pluralidade cultural e meio ambiente.

É ainda Diretora do Centro de Estudos de Gênero, Diversidade Sexual e Violência, no Rio de Janeiro; Pesquisadora do grupo Diversidade Sexual, Cidadania e Religião, da PUC-Rio; e membro fundador da rede TeoMulher.

Como Psicóloga (CRP 05/59323), realiza atendimento terapêutico individual e em grupo.

Contato com a autora:
mcristinafurtado@hotmail.com
www.centrodeestudosgdsv.com.br

Agradeço e dedico este livro:

Ao meu marido e às minhas filhas!

Aos meus pequenos leitores e seus professores.

Aos educadores e educadoras da minha família!

Aos educadores que fizeram parte da minha vida!

Ao patrono da educação brasileira, Paulo Freire!

A Jesus, pela pedagogia do amor incondicional!

Sumário

1. Introdução 15

2. Metodologias: Tradicionais e Ativas 21
   - 2.1 Metodologia Tradicional 22
   - 2.2 Professor de Educação Infantil e Ensino Fundamental I: Especialista em Aluno e Mediador 23
   - 2.3 Metodologias Ativas: Neurociência 24
     - 2.3.1 Multidisciplinaridade, interdisciplinaridade e transdisciplinaridade 26

3. Pedagogia de Projetos: uma Forma Inovadora de Aprendizagem 29
   - 3.1 Aprendizagem Inovadora 30

4. Literatura Infantojuvenil e Aprendizagem 33

5. Competências Socioemocionais 37
   - 5.1 Mas o que são Competências? E Habilidades? 38
   - 5.2 Emoções e Sentimentos 39
   - 5.3 Competências Socioemocionais 40

6. Por Que Trabalhar a Ética? 41
   - 6.1 Ética: Freud, Jean Piaget e Adorno 44

7. Poesia: Nossos Sentimentos Mais Profundos 47

8. Música é Vida 51

9. Literatura Infantojuvenil, Poesia e Música 55

10. Projeto de Leitura: Objetivos 57
   10.1 Objetivo Geral 57
   10.2 Objetivos Específicos 58

11. Desenvolvendo o Projeto 61
   11.1 Desenvolvimento 63
   11.2 Pré-projeto 63
   11.3 Projeto: Tempo de Duração, Local e Figurino 64
   11.4 Transdisciplinaridade ou Interdisciplinaridade? 65

12. Metodologia e Etapas do Projeto..................................... 67
   12.1 Etapa 1: Preparação para o Trabalho pelo Professor e pelos Alunos 67
      12.1.1 A escolha do tema e do livro com os alunos 67
      12.1.2 Local, figurino e material necessário 69

   12.2 Etapa 2: Leitura e Compreensão da História 70
      12.2.1 Análise do texto 72
      12.2.2 Análise das poesias 73
      12.2.3 Análise das músicas 75
      12.2.4 Ética 76

   12.3 Etapa 3: Avaliações 81
   12.4 Etapa 4: Apresentação 82
   12.5 Etapa 5: Avaliação Final 83

13. Material para o Projeto 85

14. Leituras Recomendadas 87

Escola é...

... o lugar em que se fazem amigos.
Não se trata só de prédios, salas, quadros,
programas, horários, conceitos...
Escola é, sobretudo, gente.
Gente que trabalha, que estuda,
que alegra, se conhece, se estima.
O diretor é gente.
O coordenador é gente.
O professor é gente.
O aluno é gente.
Cada funcionário é gente.
E a escola será cada vez melhor
à medida que cada um se comporte
como colega, amigo, irmão.
Nada de "ilha cercada de gente por todos os lados".
Nada de conviver com as pessoas e, depois,
descobrir que não tem amizade a ninguém.
Nada de ser como tijolo que forma a parede, indiferente, frio, só.
Importante na escola não é só estudar, não é só trabalhar,
é também criar laços de amizade. É criar ambiente de camaradagem,
é conviver, é se "amarrar nela"!
Ora, é lógico...
Numa escola assim, vai ser fácil estudar, trabalhar, crescer,
fazer amigos, educar-se, ser feliz.
É por aqui que podemos começar a melhorar o mundo.

(Esse poema foi escrito por uma educadora que estava assistindo a uma palestra de Paulo Freire. Com base no que ouvia, ela foi escrevendo o poema utilizando frases e ideias de Freire. No final da palestra, aproximou-se dele e lhe entregou o papel, sem se identificar.)
Instituto Paulo Freire

1. Introdução

> *"O mundo da ilusão existe em todos os corações.*
> *Grandes e pequenos sonham para poder viver.*
> *O mundo da ilusão foi feito para a gente saber*
> *que a vida só é bela se posso sonhar."*
> **(Maria Cristina Furtado)**[1]

Ler é fascinante! Leva-nos a um mundo fantástico! Então, aprender a ler é essencial! A escola é o lugar onde ocorre a magia de aprender, de saber, de pensar, trocar ideias, sorrisos, novidades, fazer amigos... Lugar de ser feliz! Escola, literatura, poesia e música só podem nos levar a viver uma experiência mágica! O importante é descobrir como isso pode ocorrer.

> *"Vem comigo, vem... Vem me conhecer,*
> *Bailar na imaginação. Vem comigo, vem...*
> *Vamos viajar, sem sair do lugar."*
> **(Maria Cristina Furtado)**[1]

Quem não gosta de uma boa história? Quem não recitou ou ouviu curtas poesias quando pequenino? E cantar? Desde muito cedo, as crianças são embaladas ao som da música de ninar e, logo depois, pulam, soltam gritinhos nos braços dos pais e avós quando estes cantam e as balançam, seguindo o ritmo de uma alegre canção.

---

1 FURTADO, Maria Cristina. **Magia: o mestre dos sonhos**, 1991.

Crianças amam histórias e, logo que chegam à idade escolar, ficam ansiosas para aprender a ler, de modo que, sem dependerem de ninguém, possam penetrar profundamente no mundo encantado da imaginação. Se as histórias vierem acompanhadas de poesias e músicas, fazem ainda mais sucesso. A poesia e a música já contêm histórias para serem contadas e cantadas.

Entretanto, pouco se lê no Brasil, e, como consequência, a compreensão de textos e do mundo ao redor do indivíduo fica comprometida. A pesquisa realizada pela "Organização para a Cooperação e Desenvolvimento Econômico"[2] mostrou que o Brasil, comparado a outros 36 países que fazem parte desta organização, está abaixo da média em leitura. Só 2% dos estudantes brasileiros alcançaram os níveis 5 e 6 de proficiência em leitura, nos quais os "estudantes compreendem textos longos, sabem lidar com conceitos abstratos e contraintuitivos e diferenciam fato de opinião" (G1, 03/12/2019).[2] Trata-se de uma seríssima constatação, pois, para que haja um povo crítico, ético, que exerça sua cidadania, precisa-se ter leitores fluentes, que saibam distinguir não só um fato de uma opinião, mas também a realidade entre *fake news*. Outros estudos apontam, ainda, a necessidade de existir um relacionamento estimulante entre livro, professor(es) e alunos por meio das "rodas de histórias", em que, pela troca de ideias, afeto, lazer e prazer, ocorre a leitura ou a contação de história e a reflexão sobre o texto.

---

[2] Organização para a Cooperação e Desenvolvimento Econômico G1. **Brasil está estagnado há dez anos no nível básico de leitura e compreensão de textos, aponta Pisa 2018.** Em 03 dez. 2019. Disponível em: <https://g1.globo.com/educacao/noticia/2019/12/03/ brasil-esta-estagnado-ha-dez-anos-no-nivel-basico-de-leitura-e-com preensao-de-textos-aponta-pisa-2018.ghtml>. Acesso em: 04 dez. 2019.

Aprender a ler e entender o texto vai além de apenas identificar sons ou fonemas. Para Paulo Freire, a leitura dos textos e a do mundo estão interligadas. "O ato de ler não se esgota na decodificação pura da palavra escrita ou da linguagem escrita, mas se antecipa e se alonga na inteligência do mundo" (Freire, 1989, p. 5).[3]

Infelizmente, no Brasil, a maior parte de nossas crianças só tem acesso a livros nas escolas, que pode ser o único local em que terão de fazer leituras mais profundas. Essa realidade poderá ser modificada ou não, dependendo da experiência inicial que os alunos vierem a ter com a literatura. Cobranças, leitura obrigatória nos fins de semana, provas, castigo etc. farão o aluno, mesmo de modo inconsciente, associar ler a experiências negativas, o que possivelmente o levará a não gostar de ler. Quanto mais rica e estimuladora for a experiência dos alunos na escola, maior será a possibilidade de se contribuir para a formação de futuros leitores críticos, reflexivos e éticos.

A Base Nacional Comum Curricular (BNCC) mostra-se preocupada com as competências, as habilidades e as aprendizagens essenciais a serem desenvolvidas na Educação Básica em todo o Brasil. Os "Parâmetros Curriculares Nacionais para o Ensino Fundamental I" demonstram a importância do desenvolvimento de leitura e interpretação de texto, não só ligada à disciplina de Língua Portuguesa, mas também às demais disciplinas, transpassando nelas importantes temas acerca de questões sociais, como ética, saúde, meio ambiente, orientação sexual e pluralidade

---

[3] FREIRE, Paulo. **A importância do ato de ler: em três artigos que se completam.** São Paulo: Cortez Editora/Editora Autores Associados, 1989.

cultural.[4] É importante lembrar que a literatura infantojuvenil traz em suas histórias vivências capazes de estimular a reflexão sobre o texto e a própria vida do leitor, em relação ao dia a dia, ao trabalho e à cidadania. Por esse motivo, a obrigatoriedade da literatura na grade curricular do Educação Básica é uma grande oportunidade para desenvolver a leitura, a reflexão crítica e a paixão pela leitura.

Desde 1986, escrevo histórias infantojuvenis, e conto já com nove livros publicados (alguns já na segunda ou terceira edição). Cada autor tem formas diferentes de inspiração e de escrita. Eu, por exemplo, gosto de escrever fábulas e apólogos; enquanto crio a história, a poesia e a música estão presentes em minha mente e coração e, de repente, fluem, passando a fazer parte do mesmo universo imaginário. Dessa maneira, nas histórias dos meus livros infantojuvenis, junto à narrativa, existem fatores éticos, poesias e músicas. Quando escrevo, não tenho compromisso com o ter que ensinar algo – apenas com o gostar de contar histórias –, mas os valores estão intrínsecos nos textos. Talvez por isso meus livros agradem a crianças e adultos.

Na época em que comecei a escrever, sofri muita resistência ao desejar unir história, poesias e músicas em um livro, mas, na atualidade, todas as minhas narrativas apresentam poesias, sendo que as músicas podem ser ouvidas em um CD ou no *site* da editora (Editora do Brasil), ampliando e complementando o projeto de leitura por meio da arte.

---

4   BRASIL. Ministério da Educação e do Desporto. Secretaria de Educação Fundamental. **Parâmetros curriculares nacionais: apresentação dos temas transversais, ética.** Brasília: MEC/SEF, 1997. Disponível em: <http://portal.mec.gov.br/seb/arquivos/pdf/livro081.pdf>. Acesso em: 20 jan. 2019

Introdução

O desejo de elaborar um projeto de leitura no qual professores e alunos possam trabalhar, de modo ousado, interessante, divertido e mágico, vivenciando uma experiência que os leve a viajar pela história e repensar o mundo e a sua vida, é antiga. Sou professora há mais de 25 anos e, durante esse tempo, tive a oportunidade de passar pelos diversos segmentos do Ensino Fundamental I ao Ensino Superior ao mesmo tempo que percorria inúmeras escolas como escritora infantojuvenil, presenciando a empolgação de professores e alunos na apresentação de projetos de leitura magníficos e outros mais fracos, mas que, com uma orientação adequada, poderiam ficar excelentes.

Além de professora e Especialista em Educação, sou psicóloga, teóloga e doutora em Teologia. Por conta desse misto de saberes, a literatura, a educação, o desenvolvimento socioemocional do ser humano e a ética fazem parte dos meus estudos e das disciplinas que tenho ministrado como professora.

Estou aqui para juntar-me a você, minha colega professora, meu colega professor, desejando ajudar a tornar a leitura em sua sala de aula mais emocionante e inesquecível! Então, resgatei a experiência que tive como coordenadora e professora no Ensino Fundamental I, em que adorava dar aulas contando histórias e me divertindo com os alunos. Aproveitei também os bons trabalhos que tenho visto em minhas visitas às escolas como escritora e, fundamentada e inspirada no curso que fiz de Especialização em Educação, elaborei este livro.

Dessa maneira, convido você, professor(a) e demais profissionais da Educação, a lerem, pensarem na proposta que trago e implementarem esse projeto mágico de leitura, envolvendo, de modo divertido, literatura infantojuvenil, ética, poesia, música e, se desejarem, outras disciplinas.

2. Metodologias: Tradicionais e Ativas

> *"O importante não é só o que os nossos olhos podem dizer, mas o que, mesmo sem podermos ver, é possível perceber."*
> ***(Maria Cristina Furtado)***[5]

Na atualidade, deparamo-nos constantemente com notícias de violência contra professores; assistimos a vídeos de alunos indisciplinados, que, na realidade, não sabem o que estão fazendo naquele ambiente, não conseguem entender a importância da escola em suas vidas e como aquilo que estão aprendendo poderá ajudá-los a se tornarem cidadãos independentes, produtivos, críticos e éticos. No Brasil, são vários os fatores que levaram a essa situação, entre eles o desrespeito dos órgãos oficiais em relação à Educação, não dando o devido valor ao professor. Porém, para transformarmos o desinteresse do aluno pela escola em algo mágico que o cative, precisamos entender a mudança que houve no paradigma da Educação.

---

5 FURTADO, Maria Cristina. **Magia: o mestre dos sonhos**, 1991.

2.1 Metodologia Tradicional

A metodologia tradicional de ensino tem o seu foco voltado para o professor e prioriza as informações. A ciência foi dividida em disciplinas, e essa fragmentação levou os alunos a não conseguirem unir mentalmente os conteúdos para entender a razão de estudar esta ou aquela matéria. De acordo com Karnal e Costella (2018, p. 9), "existe uma disruptura entre a escola tradicional e o mundo, que leva os alunos a não conseguirem mais se adaptar ao sistema disciplinar e curricular."[6] Além disso, muitas vezes, o modo pelo qual a escola se coloca em relação à aprendizagem aumenta o desinteresse dos alunos.

É importante admitir que o mundo está em mudança e o que se estudou há cinco anos, em muitos casos, já não serve como referência. Até algumas profissões atuais poderão desaparecer. Essa constatação leva-nos a pensar no que fazer para os alunos desejarem ir para a escola e desenvolver habilidades e competências importantes para o futuro. O que realmente é importante estudar?

---

[6] KARNAL, Leandro; COSTELLA, Roselane. A cultura no ambiente educacional: da sala de aula ao grupo de WhatsApp, 2018. **A moderna educação: metodologias, tendências e foco no aluno.** Disponível na plataforma digital da PUC-RS: <https://salavirtual.pucrs.br>. Acesso em: 20 mar. 2019.

2.2 Professor de Educação Infantil e Ensino Fundamental I: Especialista em Aluno e Mediador

A transmissão de conhecimentos com o professor levando o aluno a decorar informações para ter as respostas na ponta da língua foi trocada por uma aprendizagem ativa, capaz de desenvolver as competências e habilidades necessárias para que a aprendizagem, enquanto processo formativo, atue integralmente em todas as dimensões do aluno: física, intelectual, social, emocional, simbólica e espiritual. Para Costella (2018, p. 25), "Os professores, da Educação Infantil ao quinto ano, não são especialistas nas disciplinas. Eles são especialistas em aluno".[7]

Esta afirmativa é tão importante que desejo que venhamos a refletir sobre a importância e a especificidade do professor de Educação Infantil e do Ensino Fundamental I. Todo professor do Educação Básica precisa ter em mente essa "especificidade" para que possa trabalhar em função dela.

Os pequeninos entram na escola ávidos pela novidade de aprender, e cabe ao professor, dentro da sua especialidade, que é o próprio aluno, mediar "conhecimento e aluno". O professor não prepara o aluno só para atividades técnicas ou motoras, mas também o estimula a desenvolver competências e habilidades cognitivas e socioemocionais que, a cada ano, irão se tornar mais complexas. É uma aprendizagem que precisa ser

---

[7] KARNAL, Leandro; COSTELLA, Roselane. A cultura no ambiente educacional: da sala de aula ao grupo de WhatsApp, 2018. **A moderna educação: metodologias, tendências e foco no aluno.** Disponível na plataforma digital da PUC-RS: <https://salavirtual.pucrs.br>. Acesso em: 20 mar. 2019.

vivenciada com prazer, alegria, deixando uma vontade de querer mais, para que os alunos não desistam no caminho.

Só um professor que entenda a sua real função como "especialista no aluno" e "mediador da aprendizagem" poderá deixar uma visão positiva e modificar o sentimento dos alunos em relação à escola. Mas, para que isso aconteça, é preciso ter consciência de que os seus alunos nasceram no século XXI, em uma era tecnológica, digital, e que ele, professor, para ter condições de mediar "conhecimento e aluno", necessita atualizar-se em relação às novas metodologias e tecnologia, de modo que esteja pronto para aplicar metodologias pedagógicas em meios *offline*, *online* e híbrido (*online* e *offline*).

2.3   Metodologias Ativas: Neurociência

Todos nós gostamos de conhecer coisas novas, descobrir, responder perguntas e desenvolver as nossas habilidades – tanto é que gostamos de jogos e de desafios. O mesmo aluno que não consegue ficar quieto na cadeira nem prestar atenção ao professor é capaz de passar horas jogando, vendo filmes e navegando pela internet. Então, por que encontramos tantos problemas em relação à aprendizagem escolar?

A neurociência afirma que toda criança quer aprender, mas, para a aprendizagem ocorrer, ela precisa estar sensibilizada, emocionalmente envolvida, surpreender-se e desejar aprender. O cérebro aprende em rede, e quanto mais abertas forem as possibilidades de aprendizagem, mais ricas elas serão. A escola é um espaço de criação e precisa ser utilizada com esse objetivo, visando ao desenvolvimento integral do aluno.

Em busca de abordagens metodológicas que ajudem a resgatar o interesse dos alunos, chegamos às *metodologias ativas*. Tratam-se de metodologias cujas abordagens pedagógicas colocam o "foco do ensino no aluno", levando-o a investigar, descobrir e buscar soluções para os problemas. São metodologias que passaram a ser valorizadas a partir das teorias de Carl Rogers, Lev Vygotsky, Paulo Freire e Jean Piaget, entre outros.

Nas metodologias ativas, o conhecimento não é transmitido, mas construído de modo colaborativo. Criam-se situações de aprendizagem nas quais os alunos têm oportunidade de fazer, pensar e conceituar o que fazem, construindo conhecimentos sobre os conteúdos envolvidos nas atividades que realizam. "Elas dão ênfase ao papel protagonista do aluno, ao seu envolvimento direto, participativo, reflexivo em todas as etapas do processo, experimentando, desenhando, criando com a orientação do professor." (BACICH; MORAN, 2018, p. 4).[8] Isso significa que a aprendizagem ocorre quando os alunos realizam tarefas e refletem sobre elas, desenvolvendo sua capacidade crítica, dando e recebendo *feedback*, interagindo e aprendendo com as pessoas ao redor e vivenciando atitudes e valores pessoais na escola e no mundo.

As escolas, de modo geral, desejam participar dessas mudanças metodológicas, mas a grande maioria utiliza-as, de modo pontual, como técnicas capazes de envolver os alunos e tornar as aulas mais interessantes.

---

8 BACICH, L.; MORAN, J. **Metodologias ativas para uma educação inovadora: uma abordagem teórico-prática.** Porto Alegre: Penso, 2018.

Entretanto, para que as metodologias ativas funcionem efetivamente, é necessário acreditar nelas como a melhor maneira de se educar na atualidade, dar um passo à frente e procurar entender a multi, a inter e a transdisciplinaridade, experimentando-as.

2.3.1 Multidisciplinaridade, interdisciplinaridade e transdisciplinaridade

No Brasil, a maior parte das escolas utiliza a *multidisciplinaridade*. Nela, os diversos saberes são trabalhados independentemente, possibilitando olhar uma mesma questão sob diferentes pontos de vista, mas sem entrosamento. "Trata-se de uma prática disciplinar que permite abordar tão somente o fenômeno sob diferentes ângulos ou perspectivas disciplinares" (ALVARENGA *et al.*, 2015, p. 62).[9]

Não há sobreposição de saberes; todos são importantes, enriquecem o conhecimento da questão, mas trata-se do olhar independente da Matemática, ou da História, ou de Língua Portuguesa etc. sobre determinada questão.

Existe um grupo de escolas que tem ousado implementar as metodologias ativas de maneira mais ampla e sistemática, envolvendo professores, coordenação, direção, gestores e famílias, utilizando a *interdisciplinaridade* e abordagens como *aula invertida, pedagogia de*

---

[9] ALVARENGA, Augusta Thereza de; ALVAREZ, Aparecida Magali de Souza; SOMMERMAN, Américo; PHILIPPI, Júnior Arlindo. Interdisciplinaridade e transdisciplinaridade nas tramas da complexidade e desafios aos processos investigativos. In: **Práticas da interdisciplinaridade no ensino e pesquisa.** Barueri: Manole, 2015.

projetos, avaliação constante, remodelação de espaços etc. A interdisciplinaridade possibilita uma interação entre os diversos saberes de modo recíproco e, embora as disciplinas continuem demarcadas como Matemática, Língua Portuguesa etc., ocorre a integração dos resultados das diversas disciplinas, ajudando a eliminar, pelo menos um pouco, a fragmentação dos saberes.

Um grupo menor de escolas trabalha com base na *transdisciplinaridade*, desenvolvendo as competências e habilidades por meio de diferentes abordagens, sem divisão disciplinar. A transdisciplinaridade une e valoriza os saberes de todas as áreas sem delimitação ou fragmentação, facilitando o conhecimento como um todo, envolvendo outros elementos constitutivos do ser humano e ajudando o aluno a perceber a importância da aprendizagem em sua vida e vivenciá-la de maneira muito mais prazerosa e divertida. Essa abordagem não deve ser difícil de realizar no Ensino Fundamental I, pois, de modo geral, só um professor ministra a maioria das matérias.

3. Pedagogia de Projetos: uma Forma Inovadora de Aprendizagem

> *"[--] Loucura? Sonho? Tudo é loucura ou sonho no começo. Nada do que o homem fez no mundo teve início de outra maneira – mas já tantos sonhos se realizaram que não temos o direito de duvidar de nenhum."*
> **(Monteiro Lobato)**[10]

Mesmo quando tudo parece ser contrário ao que sonhamos, não podemos deixar que os sonhos se percam. Precisamos lutar por eles.

São muitas as realidades das escolas brasileiras e as visões de como exercer a aprendizagem. Mas se desejamos fazer a diferença para nossos alunos, precisamos ousar, experimentar coisas novas. Na busca de uma metodologia ativa adequada ao projeto de leitura que desejo propor, encontrei a *Pedagogia de Projetos*. Trata-se de uma metodologia que leva o aluno a transpor as barreiras da aula tradicional, despertando-lhe a curiosidade e a vontade de suprir desafios, e a confrontar suas hipóteses e conhecimentos adquiridos. Ela facilita o objetivo de se ter uma aprendizagem significativa e contextualizada.

---

10 LOBATO, Monteiro. **Obras completas.** Brasiliense, 1946, p. 178.

É uma metodologia de trabalho que valoriza a participação do aluno e do professor em um processo de ensino-aprendizagem no qual todos são responsáveis pela elaboração e pelo desenvolvimento do projeto a ser realizado. O aluno, por meio da mediação do(s) professor(es), terá a oportunidade de transformar a aprendizagem, dando-lhe significado de acordo com as suas demandas e tornando-a prazerosa, a fim de que ela possa contribuir para a sua formação integral, tanto cognitiva como social.

Na pedagogia de projetos, "aprende-se a produzir, levantar dúvidas, pesquisar, criar relações que incentivem novas buscas, descobertas, compreensões e reconstruções de conhecimento" (PRADO, 2005, p. 13).[11]

Abre-se uma nova perspectiva para se entender o processo de ensino-aprendizagem, de modo que aprender não seja apenas memorizar e ensinar, não só passar conteúdos prontos; trata-se de uma pedagogia considerada inovadora.

3.1 Aprendizagem Inovadora

Segundo Pacheco, (2018, p. 15) "se houver um projeto que se considere inovador, mas não conduzir ao sucesso de todos, não é inovador".[12]

---

11 PRADO, M.E.B.B. Pedagogia de Projetos: Fundamentos e Implicações. In: ALMEIDA, M.E.B; MORAN J. M. (Orgs.) **Integração das Tecnologias na Educação.** Brasília: Ministério da Educação SEED, 2005.

12 PACHECO, José; FAGUNDES, Caterine. Trabalhando habilidades e competências, 2018. **A moderna educação: metodologias, tendências e foco no aluno.** Disponível na plataforma digital, RS: PUCRS, 2018: <https://salavirtual.pucrs.br>. Acesso em: 20 mar. 2019.

O professor deve fornecer aos alunos os instrumentos para realizarem descobertas, principalmente orientando e auxiliando aqueles que apresentam dificuldades. Deve proporcionar aos alunos experiências significativas, reflexivas e divertidas, que fiquem em sua memória afetiva como agradáveis, boas e prazerosas. É importante que *todos* os alunos, sem exceção, tenham oportunidades e condições de descobrir as respostas.

A Pedagogia de Projetos busca ressignificar a escola dentro da realidade contemporânea, pois viabiliza aos alunos desenvolverem as diferentes competências necessárias em nossos dias. Segundo a Lei de Diretrizes e Bases (LDB), elas deverão estar vinculadas ao mundo do trabalho e à prática social (BRASIL, 1996).[13] Para isso ocorrer, é primordial que os envolvidos sejam responsáveis pela elaboração e pelo desenvolvimento do projeto, que deve se encontrar dentro das bases dos "quatro pilares da educação" (UNESCO, Comissão Internacional sobre Educação para o Séc. XXI, 1999).[14]

1. **Primeiro pilar: "aprender a conhecer"** – O prazer de conhecer, descobrir, construir, reconstruir, reinventar, valorizando a curiosidade e levando a uma atenção e autonomia permanentes.

---

[13] BRASIL. Lei Federal n. 9.394, de 20 de dezembro de 1996. Estabelece as diretrizes e bases da educação nacional. Artigo 1ª, parágrafo 2ª. **Diário Oficial da União:** Brasília, DF, seção 1, n. 248, 23 dez. 1996. Disponível em: <https://proplan.ufersa.edu.br/wp-content/uploads/sites/7/2014/09/LEI-n%C2%B0-9.394-de-20-de-dezembro-de-1996.pdf>. Acesso em: 26 jan. 2019.

[14] UNESDOC Digital library. **Educação: um tesouro a descobrir, relatório para a UNESCO da Comissão Internacional sobre Educação para o século XXI.** (destaques). Disponível em: <https://unesdoc.unesco.org/ark:/48223/pf0000109590_por>. Acesso em: 30 out. 2019.

2. **Segundo pilar: "aprender a conviver"** – Como viver com as outras pessoas, compreendendo-as, desenvolvendo a importância da interdependência, administrando conflitos e participando de projetos e esforços comuns.

3. **Terceiro pilar: "aprender a fazer"** – Valorizar o trabalho coletivo, em equipe, o espírito cooperativo e a humildade na reelaboração conceitual e nas trocas.

4. **Quarto pilar: "aprender a ser"** – Desenvolver a sensibilidade, o sentido ético, o estético, a responsabilidade, o pensamento autônomo e crítico, a imaginação, a criatividade, a iniciativa e o crescimento integral da pessoa em relação à inteligência (RODRIGUES, 2010).[15]

Por meio da Pedagogia de Projetos, podemos elaborar um projeto de leitura que envolva literatura infantojuvenil, ética e arte; um projeto que transforme a aprendizagem em algo mágico, que torne a aula divertida, e que, ao final, deixe para os jovens aquele gostinho de "quero mais" e a vontade de ler novas histórias.

---

[15] RODRIGUES, Zuleide Blanco. Síntese dos quatros pilares. Secretaria da Educação, Paraná, 2010. **Organização do trabalho pedagógico – Pensadores da Educação – Jacques Delors.** Disponível em: <http://www.gestaoescolar.diaadia.pr.gov.br/modules/conteudo/conteudo.php?conteudo=337>. Acesso em: 04 mar. 2018.

4. Literatura Infantojuvenil e Aprendizagem

> *"Castelos fantásticos, feitos de areia... Fadas, princesas e super-heróis. Bruxas, Noel, valentes cowboys. Força, alegria, medo, amor. Mundo encantado que a infância nos traz. Sonhos, belezas que não voltam mais."*
>
> **(Maria Cristina Furtado)**[16]

Ler é viajar pelos mais fascinantes e mais terríveis lugares, vivenciar personagens diferentes, chorar, rir, sonhar e realizar sonhos. Contar histórias é uma atividade muito antiga, realizada, inicialmente, para transmitir valores culturais entre gerações, mas depois, com o advento da escrita e de outras formas de comunicação e transmissão, esse recurso perdeu a função original, porém jamais a sua beleza e magia. Com o surgimento da escrita, depois do livro e, mais recentemente, do livro infantil, no século XVIII, é impossível negar a importância de ler e de interpretar histórias para a formação de jovens leitores críticos. A leitura possibilita uma melhor comunicação, o desenvolvimento da imaginação, do pensar, da criatividade, e, unida à arte, pode, ainda, ajudar a desenvolver todo um potencial estético, criativo e artístico na construção de visões de mundo que beneficiem as próprias crianças, promovendo o bem comum.

---

16 FURTADO, Maria Cristina. **Magia: o mestre dos sonhos**, 1991.

Os primeiros escritores de histórias infantojuvenis surgiram na Europa. Podemos citar Charles Perrault, Irmãos Grimm, Hans Christian Andersen e Lewis Carroll, os quais, por meio de contos de fadas e do folclore, marcaram a vida de milhões de crianças. No Brasil, Monteiro Lobato abriu as portas do mundo infantil para a imaginação e reflexão, trazendo nas histórias a realidade brasileira e "dando oportunidade para as crianças terem acesso à cultura, aos valores e às peculiaridades da sociedade do país" (CUNHA, 2004, p. 23)[17] Lobato mudou de tal maneira o conceito de livro infantil no Brasil que se tornou um marco, sendo referência para a literatura e para os autores brasileiros, como os que existiam antes e depois dele. "É importante para a formação de qualquer criança ouvir muitas e muitas histórias... Escutá-las é o início da aprendizagem para ser um leitor, e ser leitor é ter um caminho absolutamente infinito de descoberta e de compreensão do mundo" (ABRAMOVICH, 1991, p. 16).[18]

Como já foi dito, ler não é apenas decifrar símbolos gráficos; é muito mais do que isso. Envolve os sentidos e as diversas ações ligadas à formação cultural, como fazer, ser, observar, compreender, ouvir, interpretar e analisar. Quando a literatura é levada para a sala de aula, o trabalho do professor é fundamental para que se aproveite o melhor dessa leitura e para que, por meio de uma relação literatura-leitor positiva e alegre, o aluno possa vir a ser, no futuro, um leitor fluente e capaz de interpretar textos, tornando-se um cidadão crítico, ético e apaixonado pela leitura.

---

17 CUNHA, Maria Antonieta Antunes. **Literatura infantil: teoria e prática.** 18. ed. São Paulo: Editora Ática, 2004.
18 ABRAMOVICH, Fanny. **Literatura infantil, gostosuras e bobices.** São Paulo: Editora Scipione, 1991.

Nesse processo, a participação do professor é de mediador do "texto e aluno", dinamizando e incentivando o jovem a vivenciar a história e entendê-la com base em seu próprio mundo, que será ampliado pela leitura. Segundo Freire (1989), é por meio da compreensão que cada pessoa tem do mundo que se faz a leitura da palavra, e essa leitura leva à mudança na visão do mundo e vice-versa. Assim, ler é reler a realidade por meio de uma visão crítica do mundo.[19] Entretanto, existe um longo percurso até a criança chegar a essa leitura dinâmica de mundo e texto, tornando-se um leitor fluente, crítico e capaz de interagir consigo mesmo e com o mundo que o rodeia.

A leitura já faz parte do projeto pedagógico das escolas, mas o grande desafio encontra-se em torná-la uma atividade interessante e inesquecível, na qual os alunos aprendam divertindo-se. Nos textos literários, os alunos farão a hermenêutica da história de acordo com o mundo à sua volta, podendo repensá-lo por meio de projetos de leitura divertidos e ousados que os levem a viajar pela imaginação e criatividade.

O potencial da literatura é muito grande, existindo a possibilidade de atuar como auxiliar do desenvolvimento afetivo e cognitivo, servindo tanto pedagogicamente como na formação de leitores. "Em países como Canadá e Estados Unidos, muitas escolas já aboliram definitivamente o livro didático e utilizam os livros de literatura para ensinar os mais

---

19 FREIRE, Paulo. **A importância do ato de ler: em três artigos que se completam.** São Paulo: Cortez Editora/Editora Autores Associados, 1989.

diferentes conteúdos, mas principalmente utilizam os textos literários para ensinar o aluno a ler" (SOUZA, 2009, p. 98).[20]

A literatura tem o poder de ajudar no desenvolvimento das competências socioemocionais, de um comportamento ético, de leitores fluentes e assíduos, do gosto pela arte e da transformação do indivíduo, preparando-o para a vida.

---

[20] SANTOS, Caroline Cassiana Silva dos; SOUZA, Renata Junqueira de. Programas de leitura na biblioteca escolar: a literatura à serviço da formação de leitores. In: SOUZA, Renata Junqueira de (Org.). **Biblioteca escolar e práticas educativas: o mediador em formação.** Campinas: Mercado das Letras, 2009.

5. Competências Socioemocionais

> *"Hoje, ao tomar de vez a decisão de ser Eu, de viver à altura do meu mister, [...] reentrei de vez, de volta da minha viagem de impressões pelos outros, na posse plena do meu Gênio e na divina consciência da minha Missão..."*
> ***(Fernando Pessoa)*** [21]

Uma pessoa é considerada educada emocionalmente quando é capaz de conhecer a si mesmo e reconhecer os seus limites e possibilidades, colocando esse conhecimento e as habilidades que tem em prol de um relacionamento harmonioso com ela própria, com o outro e com o mundo. Esse modo de agir não é inato, e sim oriundo de uma aprendizagem que deve começar já nos primeiros anos de vida e prosseguir daí por diante.

Na atualidade, com o foco da aprendizagem centrada no aluno, há grande preocupação com o desenvolvimento das "competências socioemocionais" para "assegurar um processo de aprendizagem que leve a uma

---

[21] PESSOA, Fernando. **Páginas íntimas de auto-interpretação, seleção, prefácio e notas escritas por Jacinto do Prado Coelho e Georg Rudolf Lind.** Lisboa: Ática, 1966. P. 63-64.

formação humana integral, visando a uma sociedade justa, democrática e inclusiva" (BRASIL, 2017, p. 25).[22]

5.1 Mas o que são Competências? E Habilidades?

Na Base Nacional Comum Curricular (BRASIL, 2017), encontramos o termo "competência" ligado à capacidade de motivar, impulsionar, ser competente, colocar-se em movimento para tomar decisões, liderar, resolver conflitos, saber utilizar os conhecimentos adquiridos na vida, no trabalho e na sociedade.[22]

Habilidade é a capacidade de resolver, na prática, uma situação. Ler, escrever, cantar, ouvir etc. são habilidades que, quando adquiridas, precisam ser praticadas, para que o aluno, mesmo já sabendo ler e escrever, por exemplo, possa interpretar o que leu e escreveu mediante situações criadas.

Quando nos referimos às "competências socioemocionais", temos uma complexidade maior. Para entendermos como isso ocorre, precisamos compreender a diferença entre "emoções" e "sentimentos" – duas palavras que são muito usadas como sinônimas, mas que carregam diferenças significativas.

---

[22] BRASIL. Ministério da Educação. **Base Nacional Comum Curricular.** 2017. Disponível em: <http://basenacionalcomum.mec.gov.br/abase/>. Acesso em: 20 fev. 2019.

5.2 Emoções e Sentimentos

As emoções são fenômenos de curta duração que se expressam por meio do corpo. Estão relacionadas às sensações. Pânico, raiva, nojo, surpresa etc. são emoções primárias (inatas). Vergonha, culpa, compaixão, empatia, simpatia, inveja, ciúme etc. são emoções secundárias (aprendidas), ligadas à cultura em que se vive. Por exemplo, o que pode ser motivo de vergonha para um grupo social pode não ser para outro. Existem ainda as emoções de fundo: bem-estar, calma e mal-estar.

As emoções levam aos sentimentos. Estes surgem quando, ao serem percebidas as emoções, pensa-se sobre elas e elas são internalizadas. Os sentimentos estão relacionados às condições de vida, às necessidades, à época em que se vive, à religião, à cultura e à história de vida de cada pessoa, levando-a a realizar determinadas ações. Ex.: sinto-me superior, discrimino.

Segundo a BNCC, as competências socioemocionais devem ser desenvolvidas transversalmente pelas disciplinas e habilidades cognitivas para que os alunos sejam preparados para enfrentar desafios e resolver os problemas do mundo contemporâneo. A dimensão emocional não pode ser dissociada do cognitivo, pois influencia no desenvolvimento cognitivo.

5.3 Competências Socioemocionais

As competências socioemocionais, também chamadas de inteligências emocionais, *soft skills*, hábitos da mente, competências para o século XXI etc., devem ser trabalhadas por meio do desenvolvimento da consciência emocional.

De acordo com a BNCC, a dimensão socioemocional deve ser trabalhada em práticas de sala de aula, tanto na dimensão individual como na coletiva. Isso deve ocorrer por meio de metodologias que incentivem trabalhos em grupo, reflexão e pensamento crítico, que provoquem a curiosidade dos alunos e liguem essas competências ao desenvolvimento cognitivo.

Como já vimos, as sensações levam às emoções, que levam aos sentimentos, e estes, a comportamentos. Refletir sobre esses sentimentos leva o aluno a observar a si próprio, ao outro e ao mundo à sua volta, entendendo-os e entendendo a si próprio para atuar de maneira crítica e ética sobre o outro e o mundo. Ex.: sou mesmo superior?

A literatura é capaz de abrir as mentes e os corações dos alunos e, pela reflexão que produz, desenvolver, além das habilidades cognitivas, importantes competências socioemocionais, como empatia, autoconfiança, comunicação, consciência da diversidade, resiliência, liderança, resolução de conflitos etc., ajudando os alunos a se tornarem sujeitos éticos, capazes de ouvir, dialogar, respeitar o outro e cuidar do meio ambiente.

6. Por Que Trabalhar a Ética?

"Posso ser forte, fraco, vencer ou perder, sendo leoa ou leão. Dançar, cantar, nadar, correr... É linda a diversidade ao meu redor! Posso ser gordo, magro, alto, baixo, usar óculos ou não. Preto, vermelho, branco, amarelo... É linda a diversidade ao meu redor!"

(Maria Cristina Furtado)[23]

Um dos graves problemas que percebemos atualmente é a falta de ética. A ética objetiva os meios pelos quais se chega aos fins. Privilegia o bem comum, exercendo uma ação crítica e reflexiva sobre a moral, a cultura, ou seja, o *ethos*.

Embora estejam muito próximas no contexto filosófico, ética e moral são diferentes. "A ética está associada ao estudo fundamentado dos valores morais que orientam o comportamento humano em sociedade, enquanto a moral são os costumes, regras, tabus e convenções estabelecidas por cada sociedade". (OAB, 2015).[24]

---

23 FURTADO, Maria Cristina. **O rei leão careca**, 2017

24 OAB-SP. Tribunal de ética e disciplina. **E-4.498/2015.** Publicado em 2015, Disponível em: <http://www.oabsp.org.br/tribunal-de-etica-e-disciplina/ementario/2015/E-4.498.2015>. Acesso em 20 mar. 2020.

A moral baseia-se em normas feitas por grupos sociais para chegar a um fim, podendo-se utilizar de meios violentos ou viciosos. Já a ética "questiona", não aceita qualquer meio, rejeitando a violência, pois a sua finalidade maior é o bem, a virtude e a felicidade pela garantia da integralidade humana: física, mental, de consciência e liberdade.

É importante lembrar que a ética não pode ser confundida com a prática da lei, pois só as atitudes "não éticas" que estão enquadradas na lei sofrem penalidades do Estado.

Por exemplo, discriminar outra pessoa é uma atitude antiética, mas só pela Lei n. 1.390/51 (Lei Afonso Arinos), de 3 de julho de 1951, a discriminação do negro passou a ser considerada crime de racismo.[25] Isso também ocorreu em 2019 em relação às discriminações homofóbicas e transfóbicas; o Supremo Tribunal Federal enquadrou a homofobia e a transfobia como crime de racismo. "Quem ofender ou discriminar *gays* ou transgêneros estará sujeito à punição de um a três anos de prisão. Assim como no caso de racismo, o crime será inafiançável e imprescritível" (O GLOBO, 2019).[26]

A ética nos traz critérios de comportamento que possibilitam a formação integral de seres humanos dignos, honestos, íntegros e capazes de exercer sua cidadania, aceitando e respeitando os demais. De acordo

---

[25] Lei Afonso Arinos - Lei 1390/51 | Lei no 1.390, de 3 de julho de 1951; <https://presrepublica.jusbrasil.com.br/legislacao/128801/lei-afonso-arinos-lei-1390-51>. Acesso em 8 de abril de 2020.

[26] SOUZA, André de. STF criminaliza a homofobia. **O Globo.** 13 jun. 2019. Disponível em: <https://oglobo.globo.com/sociedade/stf-criminaliza-homofobia-1-23738546>. Acesso em: 4 fev. 2020.

com o teólogo Boff (2016, p. 6),[27] a falta de ética pode ser revelada nas mínimas coisas, "desde as mentirinhas ditas em casa aos pais, a cola na escola ou nos concursos, o suborno de agentes da polícia rodoviária quando alguém é surpreendido numa infração de trânsito, até em fazer pipi na rua".

O crescimento do *bullying*, visivelmente, é consequência da ausência da ética, da omissão a ela e da falta de conscientização por parte da sociedade sobre a sua importância. Isso inclui famílias, escolas e igrejas, e a consequência é que, ao educarem as crianças para viverem em comunidade, a falta desse aprendizado ou a distorção da ética repercutirá na vida da criança e dos que conviverem com ela.

Tanto nas palavras como nas ações, a falta de ética tem estado presente no desrespeito ao meio ambiente e nos relacionamentos pessoais, cujos reflexos vemos nas redes sociais por meio de postagens ofensivas mútuas, divergências quanto a atitudes em relação ao meio ambiente e à política ou, ainda, por intermédio de misoginia, gordofobia, LGBTfobia, racismo e intolerância religiosa. São frequentes os casos de pessoas dando vazão às suas inseguranças e aos seus distúrbios psíquicos, assim como à falta de caráter e ética, por meio de *cyberbullying*, *fake news* etc.

Um mundo sem ética é desumanizado. Vivemos em uma época em que se fala e se exige uma moral familiar com a valorização de certos aspectos morais dos atos humanos mediante julgamentos, rotulações

---

[27] BOFF, Leonardo. A escandalosa falta de ética no Brasil. **Carta maior**, p. 6, 14 jul. 2016. Disponível em: <https://www.cartamaior.com.br/?/Editoria/Politica/A-escandalosa-falta-de-etica-no-Brasil/4/36455>. Acesso em: 20 mai. 2019.

de situações e distorções dos fatos, mas se vive sem ética ou com uma ética distorcida, com a maioria das pessoas confundindo ética com um falso moralismo.

6.1 Ética: Freud, Jean Piaget e Adorno

Para Freud, o único meio de se evitar a violência é a educação. É imprescindível que a vida instintiva se submeta à razão. Para se obter esse intento, a educação deve ter início na primeira infância e prosseguir pelo resto da vida. Para ele, o que diferencia uma educação saudável de outra doentia são os valores éticos e o predomínio de amor ou ódio nos educadores (FREUD; EINSTEIN, [1933 [1932]).[28]

De acordo com o psicólogo suíço Jean Piaget, a inteligência não é inata. O saber é construído, e a gênese da razão, da afetividade e da moral ocorrem progressivamente, passando por sucessivos estágios, nos quais a criança organiza o seu pensamento e julgamento.

O desenvolvimento moral ocorre paralelamente ao desenvolvimento lógico. Logo, o desenvolvimento cognitivo é uma condicionante da forma de sentir e do juízo moral. Para Piaget (1994, p. 23), "Toda moral consiste num sistema de regras e a essência de toda moralidade deve ser procurada no respeito que o indivíduo adquire por essas regras".[29]

---

[28] FREUD, Sigmund; EINSTEIN, Albert. **Por que a guerra?** Reflexões sobre o destino do mundo [1932 ou 1933]. Edições 70, 2018. [Kindle]. Acesso em: 5 jan. 2015.
[29] PIAGET, Jean. **O Juízo Moral na Criança.** São Paulo: Summus Editorial, 1994.

Segundo o filósofo, sociólogo, musicólogo e compositor alemão Theodor Adorno, é vital para a humanidade que haja uma educação voltada a não se repetir a barbárie de Auschwitz (rede de campos de concentração ao sul da Polônia, durante a Segunda Guerra Mundial), pois os elementos que levaram a essa barbárie ainda estão na sociedade. Para Adorno, toda a educação deve ter esse objetivo e deve ser elaborado um projeto educacional voltado para a liberdade (ADORNO, [1965 [1966]).[30]

Hoje, podem parecer um exagero as palavras desse pensador, mas basta olharmos para o mundo e a violência existente que perceberemos a importância de uma educação voltada para a democracia e o respeito ao outro (aquele diferente de si próprio) e ao seu próprio *habitat* desde a primeira idade. No Brasil, é preciso conscientizar desde cedo os alunos sobre a ética voltada para o meio ambiente e as consequências de se agir de modo contrário a ela: a caça e o tráfico de animais silvestres, o desrespeito e a invasão em terras indígenas, o desmatamento das florestas, as queimadas, o garimpo e o mercúrio jogado nos rios. Deve-se abordar temas como a importância da preservação da Amazônia e de todos os biomas brasileiros; a crescente poluição dos oceanos, que estão sendo usados como depósitos de detritos, alguns muitos tóxicos, e a morte constante de animais marinhos; a sujeira das praias, o plástico jogado, as guimbas de cigarro e o óleo. Finalmente, deve-se refletir: qual é a responsabilidade de cada cidadão?

---

30 ADORNO, Theodor. Educação após Auschwitz, (1965 [1966]). **Educação On-line.** Tradução Wolfgang Leo Maar. Disponível em: <https://rizomas.net/arquivos/Adorno-Educacao-apos-Auschwitz.pdf>. Acesso em: 6 nov. 2018.

Como vimos, anteriormente, pelos Parâmetros Curriculares Nacionais (PCN) para o Ensino Fundamental I, a educação brasileira está focada em desenvolver uma ética formadora de juízos críticos e cidadania.[31] Encontramos esse objetivo nos temas transversais das questões sociais, como ética, saúde, meio ambiente, orientação sexual e pluralidade cultural. Mas se olharmos por um prisma mais amplo, todas essas questões podem ser colocadas dentro da "ética", já que esta envolve o respeito à própria pessoa, ao outro, diferente de si próprio, ao Transcendente (Deus ou Infinito) e ao meio ambiente.

---

31 BRASIL. Ministério da Educação e do Desporto. Secretaria de Educação Fundamental. **Parâmetros curriculares nacionais: apresentação dos temas transversais, ética.** Brasília: MEC/SEF, 1997. Disponível em: <http://portal.mec.gov.br/seb/arquivos/pdf/livro081.pdf>. Acesso em: 20 jan. 2019

7. Poesia: Nossos Sentimentos Mais Profundos

"Não morre aquele que deixou na terra a melodia
de seu cântico na música de seus versos."
(Cora Coralina)[32]

A poesia é imortal! Expressa o que temos no fundo de nossos corações, de nossa alma; os nossos sentimentos mais profundos. É pura arte! Como diz Neruda, um ato de Paz! (NERUDA, 2009).[33] Ela está em nossas casas, em nosso trabalho, em nossa vida, sendo compartilhada em um mundo de sonhos, magia e fascinação. Ler é exercitar a reflexão crítica, e a poesia expressa o que vai além dos limites da nossa visão.

De acordo com Zilberman (2005, p. 127), desde o começo da literatura infantil brasileira, a poesia esteve presente.[34] Entretanto, ela acompanhava a estética parnasiana e "era pouco afeita ao gosto da criança". Só no século XX, a partir da década de 20, que os poetas modernos brasileiros passaram a se sentir mais livres para escrever para crianças,

---

32 CORALINA, Cora. Meu epitáfio. In: **Meu livro de cordel.** São Paulo: Global Editora, 1998.
33 NERUDA, Pablo. **Regalo de um Poeta.** Vergara Y Riba Editores, 2009.
34 ZILBERMAN, Regina. **Como e por que ler a literatura infantil brasileira.** Rio de Janeiro: Objetiva, 2005.

colocando em seus versos o componente lúdico e estabelecendo uma relação entre brincar e escrever.

Na atualidade, a tecnologia toma conta de todos os ambientes, e os alunos ficam conectados quase 24 horas por dia. Então haverá lugar para a poesia? Se vivemos em uma época em que os alunos veem pouca finalidade em ir para a escola, pois acreditam que por meio da tecnologia podem obter quase tudo, haverá espaço para a poesia?

Se a poesia for bem trabalhada pelos alunos e professor(es), com alegria, ânimo, como expressão de sentimentos, com toda a certeza ela terá um espaço significativo e trará motivação para novas leituras poéticas e reflexão crítica da vida, além de criar hábitos de leitura capazes de trazer o conhecimento de diferentes tipos de linguagens que existem em nossa sociedade. Segundo Drummond, a escola deve ser a facilitadora de um ensino que valoriza a criatividade como meio formador da sensibilidade. Ele pede a escola para "considerar a poesia como primeira visão direta das coisas, e depois como veículo de informação prática e teórica, preservando em cada aluno o fundo mágico, lúdico, intuitivo e criativo, que se identifica basicamente com a sensibilidade poética" (DRUMMOND apud AVERBUCK, 1988, p. 66-67).[35]

Por meio da poesia, o aluno pode conhecer épocas e culturas distintas da dele, bem como perceber igualdade ou desigualdade social e

---

[35] AVERBUCK, Lígia Marrone. A poesia e a escola. In: ZILBERMAN, Regina (org). **Leitura em crise na escola: alternativas do professor.** 9ª ed. Porto Alegre: Mercado Aberto, 1988.

11. Desenvolvendo o Projeto

> *"Se você não der à criança arte, histórias, poemas e música, o dano não será tão fácil de ver. Está lá, no entanto. Seus corpos são saudáveis o suficiente; [...] mas falta alguma coisa."*
> **(Philip Pullman)**[44]

Para vivermos uma experiência mágica, precisamos ousar, sair da mesmice, fazer algo diferente. O extraordinário fica por conta da experiência a ser vivida em um misto de atividades (trazidas pela literatura instigante) que levem a viajar pela imaginação. Para viver esse projeto de leitura, é necessário, em primeiro lugar, que o professor tenha o desejo de vivenciar com os alunos uma aventura mágica, na qual todos possam participar de cada etapa e aproveitar o processo ao máximo.

O importante é que o projeto tire todos da rotina e proporcione algo novo, envolvendo os alunos, o(s) professor(es) da turma, a coordenação, a direção da escola, os gestores e as famílias. Um projeto em que a literatura

---

[44] GLETTE, Gabriela. **Escritor premiado diz que crianças precisam de arte como precisam de amor e comida.** HYPENESS. Reportagem sobre Philip Pullman. Jul. 2019. Disponível em: <https://www.hypeness.com.br/2019/07/ escritor-premiado-diz-que-as-criancas-precisam-de-arte-como-precisam-de-amor-e-comida/>. Acesso em: 05 out. 2019.

possa ser vista como algo muito especial, receba singular atenção e, desde o primeiro momento, seja vivida de maneira intensa e divertida!

É essencial lembrar que o professor é especialista em estudantes. Na escolha do livro a ser trabalhado, devem surgir perguntas: o que eles precisam ler para o nível em que se encontram? Em relação ao desenvolvimento socioemocional e à ética, sobre o que estão necessitando refletir? Qual é o livro apropriado para desenvolver um projeto mágico com esses estudantes? O que seria melhor trabalhar: ética pessoal ou do meio ambiente, respeito ao diferente, saúde, orientação sexual, pluralidade cultural? Qual será o melhor material para eles? O mais atrativo? Qual é a melhor literatura, poesia, música?

A leitura de um livro não pode ser apenas mais uma atividade; ao contrário, ela precisa ser uma atividade especial, interessante, lúdica, prazerosa. É importante lembrar que podemos fazer a diferença para os alunos, ajudando-os a se interessarem por literatura, poesia, música e demais disciplinas ou colaborando para que não gostem delas.

Uma vez, eu pedi a uma amiga que desse aula de Física para uma de minhas filhas, pois ela teria prova naquela semana e precisava tirar uma boa nota. Detalhe: minha filha não gostava nem um pouco dessa matéria. Minha amiga riu e disse para mim: "Sabe o que de melhor posso fazer por ela? É levá-la a entender o quanto a 'Física' é interessante, divertida e importante para sua vida." Eu fiquei surpresa; sinceramente, jamais achei que isso fosse possível com aquela disciplina. Mas a minha amiga conseguiu! Em algumas aulas, a visão de minha filha sobre Física mudou, e ela me disse: "Até que é bem legal!" Resultado: suas notas melhoraram muito.

11.1 Desenvolvimento

O projeto de leitura pode ser feito pelo professor da turma e alunos, mas o ideal é que estejam envolvidos o(s) professor(es) da turma, o coordenador, o diretor, os gestores e as famílias dos jovens. Pode abranger três ou quatro disciplinas, como Língua Portuguesa, Ética, Arte (poesia e música) e Educação Física (dança) ou ainda expandir-se para envolver outras disciplinas, como Matemática, Geografia, História, Ciências etc. Todos os envolvidos devem ajudar na elaboração e realização do projeto.

11.2 Pré-projeto

O profissional interessado em realizar o trabalho apresenta o projeto e seus objetivos aos demais colegas, levando-os a pensar como poderiam participar do processo e motivando-os para esse fim. A partir daí, elabora-se o projeto.

É importante apresentar o pré-projeto também aos pais dos alunos e fazê-los entender como as atividades planejadas podem contribuir para o desenvolvimento de competências e habilidades importantes para as vidas de seus filhos.

É fundamental para o sucesso do projeto de leitura que os pais entendam a importância do trabalho da escola e confiem no projeto e no(s) professor(es).

O professor deverá explicar aos pais a razão da escolha do livro e como ocorrerá o projeto – a leitura em sala de aula, os debates, as reflexões sobre o texto –, abordando as questões do desenvolvimento socioemocional e da ética, assim como a importância (para os alunos) de conhecer poesia, recitar, criar, exprimir-se, sentir, ouvir, cantar, dançar, compor, além de exercitar-se com jogos, desafios etc. Se forem englobadas as disciplinas de Matemática, História, Geografia e/ou Ciências no projeto, também deverá ser explicado como isso ocorrerá.

Os pais precisam ser convidados a participar, incentivando os filhos para o projeto, ajudando-os a trazer materiais para o cenário de leitura, solicitando a sua colaboração e lembrando da importância da presença deles na apresentação final do trabalho.

11.3 Projeto: Tempo de Duração, Local e Figurino

Como vimos, este projeto de leitura pode envolver vários profissionais ou apenas o professor e os estudantes. Entretanto, toda a equipe, mesmo que não participe ativamente do trabalho, deve ter conhecimento dele e colaborar com isso de algum modo.

O tempo do projeto é de um mês e meio ou no máximo dois meses. A escola normalmente programa um livro por bimestre. É possível, então, trabalhar até uma hora diariamente: meia hora de leitura e meia hora de reflexão, debate e conclusões.

A leitura deve ser bem trabalhada, de modo que o projeto envolvendo literatura, ética, poesia e música deixe saudades e estimule a vontade de ser repetido, mas com outras histórias.

11.4 Transdisciplinaridade ou Interdisciplinaridade?

O ideal será a transdisciplinaridade, sem que exista divisão das matérias. Com os conteúdos de diferentes disciplinas sendo trabalhados de maneira integrada à história e por meio da hermenêutica, com a ajuda do(s) professor(es), os alunos perceberão o sentido que os assuntos trabalhados podem ter em suas vidas.

Com os objetivos traçados, os conteúdos das disciplinas de Matemática, Geografia, História e Ciências poderão ser planejados para fazerem parte da história, de modo que os alunos tenham acesso a eles por meio de jogos, bate-papos e pesquisas *online* e/ou *offline*.

Neste projeto, o trabalho de preparação é importante e será recompensado, pois se as atividades forem bem elaboradas, estimulantes, e tiverem conexão com a história, com toda certeza elas conquistarão o interesse dos alunos. E, para o professor, não há nada melhor do que ter uma turma participativa, criativa e entusiasmada.

A literatura encanta! A arte é mágica! Interessante, lúdico e prazeroso, o processo de leitura deve contagiar mentes e corações.

12. Metodologia e Etapas do Projeto

> *"É fundamental diminuir a distância entre o que se diz e o que se faz, de tal forma que, num dado momento, a tua fala seja a tua prática."*
>
> ***(Paulo Freire)***[45]

Para realizar um projeto, temos um caminho a percorrer. É o processo necessário para se transformar algo, construir, chegar a um determinado fim ou conhecimento; trata-se da metodologia a ser adotada. Por essa razão, este projeto de leitura será dividido em etapas.

12.1 Etapa 1: Preparação para o Trabalho pelo Professor e pelos Alunos

12.1.1 A escolha do tema e do livro com os alunos

De acordo com a temática que o professor e a coordenação desejam trabalhar com os alunos, alguns livros são selecionados e apresentados a eles. O professor deve ter lido os livros e pensado no trabalho que

---

[45] FREIRE, Paulo. **Pedagogia da autonomia: saberes necessários à prática educativa.** São Paulo: Paz e Terra, 2003. p. 61.

ele, como mediador, e os alunos podem realizar. A escolha feita pelos alunos deve ocorrer dentro das sugestões do professor. Entretanto, se algum aluno tiver uma indicação diferente, esta deverá ser analisada.

É importante o professor saber que o livro não precisa ter uma função didática moralizante, na qual, obrigatoriamente, existe apenas uma única visão.

A proposta é que a leitura do livro seja feita em sala de aula.

O professor deve avisar que não será permitido tirar cópias do livro, pois esse procedimento, além de antiético, é ilegal; o silêncio do professor e da escola sobre a questão, mesmo que não seja comentado pelos alunos, poderá ser visto como permissão para a ilegalidade. Livros poderão ser emprestados, lidos em parceria (até em três ou mais pessoas) em sala de aula, mas não copiados.

Após a decupagem com os alunos, deverá ser feita a divisão dos personagens, seguindo o desejo de cada um. Pode-se selecionar vários deles para representar um personagem, ser o narrador, dividir falas, de modo que *todos* participem da leitura.

É importante mostrar que a leitura em grupo deve ser realizada de modo uníssono, mas não monótono. O professor comandará a leitura, o ritmo, as diversas tonalidades e sentimentos.

12.1.2 Local, figurino e material necessário

De modo geral, o trabalho ocorre em sala de aula ou na biblioteca, mas pode ser realizado em outros locais, como na sala de teatro, no pátio, no auditório ou em outro lugar em que as crianças encontrem calma, silêncio e, se possível, possam fazer algumas modificações no ambiente. Para marcar o projeto como algo diferente, mágico, será muito interessante os alunos trazerem de casa alguns elementos cenográficos e de figurino para serem colocados no local e/ou usados por eles, a fim de que se sintam não apenas leitores, mas também participantes capazes de vivenciarem a história intensamente.

Dia a dia, novidades trazidas pelos alunos podem ser incorporadas. Em sala de aula, se possível, as carteiras devem ser retiradas ou modificadas de lugar. Por exemplo, o local pode se transformar em tenda, quarto de brinquedo, floresta, tribo, praia etc., de acordo com a história e a decisão dos alunos; deve estar adequado para a realização de todo o trabalho, desde a primeira leitura até a apresentação e a avaliação final. O professor precisa usar sua criatividade e boa vontade para, com base nas sugestões aqui dadas, fazer as adaptações que forem necessárias.

Se não houver essa possibilidade, proponho que algum acessório relacionado à história seja confeccionado pelos alunos para que eles o usem sempre que fizerem a leitura; algo concreto do personagem que estiverem lendo ou que caracterize a história. O objeto é individual, pode ficar na escola, e eles usarão sempre que derem início ao trabalho até o final da aula referente ao projeto. Pode ser um chapéu, uma fita, um broche etc. A proposta é que o trabalho seja divertido, empolgante, e os leve à magia da leitura.

O material usado pode ser papel crepom, cartolina ou outro material com o qual eles mesmos possam trabalhar. A solidariedade, por meio da ajuda mútua, é um aspecto para ser trabalhado durante a confecção do figurino, decoração da sala, compreensão da história e outras atividades. De modo lúdico, os alunos estabelecem relações pessoais e realizam sínteses do que lhes foi apresentado.

Um aparelho de CD deve ser ligado e preparado para tocar quando a história chegar à faixa relativa àquela poesia ou deve-se buscar a música correspondente à história na internet, na plataforma em que ela se encontra. Essa mistura de atividades *online* e *offline* traz dinâmica e agrada aos alunos.

12.2 Etapa 2: Leitura e Compreensão da História

É importante que o leitor conheça o mundo literário desde cedo. Sempre que começar a leitura de um livro novo, ele deve ser incentivado a pesquisar, apreciar a capa do livro e aprender o nome do autor e do ilustrador, a função de cada um deles e suas biografias, além de compreender o processo de escrita e como ocorre a publicação de um livro.

A internet é um lugar de pesquisa fácil para os alunos, e o ensino híbrido, ou seja, a mistura de atividades *offline* (em que o jovem, desconectado, participa de uma roda de leitura na qual se relaciona e há diálogo, debate, trocas de sentimentos, empatia, respeito, aceitação) e atividades *online* (em que ele, conectado, participa de atividades, ouve músicas, executa jogos disponibilizados no *site* do colégio pelo professor e/ou pesquisa sobre o autor e o ilustrador de uma obra em outras páginas da internet) ajuda a evocar a magia da leitura.

Nas turmas mais avançadas, algumas atividades, jogos, pesquisas etc. podem ser feitos em casa, pelo computador, e outras na escola. Caso nem todos os alunos tenham computador em casa, será necessário que o aluno o utilize na escola. Todas as atividades devem ser realizadas por "todos os alunos", sem que haja discriminação e o menor constrangimento.

Uma importante proposta deste projeto é que a leitura do livro seja feita em sala de aula com o(s) professor(es) e alunos.

Os alunos podem estar em uma roda, sentados no chão ou em cadeiras, ou em almofadas, nos cenários que prepararam com a professora para o projeto de leitura e compreensão da história. Apesar de já se ter preparado a sala, esta poderá ganhar apetrechos ou ser modificada de acordo com a leitura.

O restante do projeto pode ser também vivenciado pelos alunos a partir de uma adaptação para a idade deles, desde a decoração da sala, o figurino, a reflexão ética etc.

Nas turmas iniciais do Ensino Fundamental I, já alfabetizadas, o professor lê a história devagar para que os alunos acompanhem, mas apresentando todas as nuances – ênfase, suspense, expectativa, romance, alegria, tristeza etc. –, a fim de trazer o encanto que a história tem. Se precisar, ele pode ler com as crianças também as falas dos personagens, auxiliando-os no ritmo e na leitura.

Nas turmas mais avançadas, o professor divide a turma conforme os personagens. Exemplo: o professor e alguns alunos podem ser os narradores. Os demais estão divididos em grupos, e cada grupo lê a fala de um personagem ou divide as falas de modo que todos os alunos participem.

A transdisciplinaridade está presente desde o início, com todas as disciplinas adaptadas de acordo com a história e os alunos, sem estarem divididas como disciplinas, e sim dentro do contexto geral do trabalho.

Após a leitura diária, será trabalhada a parte lida da história, sempre de modo interessante, com enriquecimentos pela internet, exercícios mediante jogos, reflexões e alternância com as poesias e músicas daquela parte da história.

As ilustrações referentes à história devem ser analisadas com cuidado e carinho junto às crianças. Estas podem copiá-las ou nelas se inspirarem para fazer outras ilustrações.

12.2.1 Análise do texto

É importante não dar uma função didático-moralizante. A criança precisa ter a possibilidade de expor ideias e ter liberdade de interpretação.

A reflexão pode ocorrer por meio de perguntas. O professor não deve estar preocupado com certo e errado, e sim com o pensar e o dialogar com a obra.

O professor, ao planejar a aula, deve ler e elaborar algumas perguntas que possam ajudar os alunos a refletir sobre o texto. As atividades devem ser dinâmicas, divertidas, engraçadas ou reflexivas, mas nunca enfadonhas. Por exemplo:

1. Comentar a capa, a ilustração. Pesquisar sobre autor e ilustrador.

Em relação ao texto:
2. Alguém não entendeu e sublinhou alguma palavra?
3. Vamos "contar" a história até o ponto que lemos? Cada criança conta um pedacinho da história, e o professor pode ir apontando para os alunos ou eles levantando a mão para apresentar só um pedacinho dela.
4. O que você mais gostou dessa parte da história? E o que menos gostou?
5. Quem quer fazer alguma pergunta sobre o que lemos? Dúvidas?
6. Vamos fazer um comentário?
7. Quem quer recontar esta história?
8. Vamos criar uma história inspirada nela!

12.2.2 Análise das poesias

Preparado com antecedência pelo professor, em determinado momento um poema que tenha relação com a história é lido por ele ou por um aluno convidado para que depois seja explorada sua beleza e emoção, seu conhecimento, a expressão de sentimentos.

O que diz esta poesia? Quais são os sentimentos nela envolvidos? O que o autor sentiu? O professor deve trabalhar cada verso e estrofe, deixar o sentimento fluir, estimulando o aluno a criar e a expressar-se. Este deve ser incentivado a pesquisar sobre os diversos tipos de poesia. Podem ser dadas diferentes atividades a fim de trabalhar outras habilidades e competências.

Existem livros infantojuvenis em que a poesia faz parte da história (expressando o sentimento do personagem, trazendo um clima de alegria, tristeza, raiva, angústia, esperança, vitória etc.) e sobre os quais o trabalho acima sugerido, entre outros, podem ser realizados.

O professor deve preparar algumas perguntas para que os alunos reflitam sobre as curtas poesias que foram lidas até aquele momento. O trabalho deve ser feito em pequenos grupos e depois no grande grupo. Exemplos:

1. O que acharam da poesia X?
2. Quem não entendeu alguma palavra da poesia?
3. O que ela diz de importante?
4. O que ela e a história têm em comum?
5. Concorda com o que a poesia diz ou não? Por quê?
6. Você aprendeu alguma coisa com ela?
7. O quê?
8. Por quê?
9. Quem quer recitar o poema?
10. Vamos fazer uma poesia sobre o mesmo tema? (Sozinhos ou em pequenos grupos)

12.2.3 Análise das músicas

A música está em filmes, teatros musicais e literatura voltados para histórias infantojuvenis. Na atualidade, uma história em livro de papel ou em *e-book* pode trazer música por meio de um CD ou de uma plataforma na internet.

A música surge do ritmo das ações, das emoções. Não é algo apenas para animar, para promover a dança e a diversão, mas também para levar os alunos a perceber o sentimento do personagem, da história, auxiliando-os a lidar com suas próprias emoções. Trabalhada com cuidado, seriedade e de maneira estruturada pelo professor e pelo aluno, a música será importante para o processo de leitura.

Depois de entender e sentir a poesia, é o momento de voltar a ouvir a música e aprender a cantar e interpretar a canção.

Se houver professor de Música na escola, poderão trabalhar juntos nesse projeto, mas é importante que não haja divisão de matérias nesse trabalho e que as crianças se sintam como partes integradas de um todo.

Após a leitura diária da história e terem sido exploradas as poesias daquele trecho, chega a hora das músicas serem trabalhadas. Seguem alguns exemplos:

1. As crianças inicialmente apenas ouvem a música. Elas devem fechar os olhos para ouvir novamente. O que sentiram? É alegre ou triste?

2. As crianças cantam a música acompanhando o CD ou a plataforma na internet e depois cantam sem nenhum desses recursos.
3. Cantam em tons alto, baixo e médio.
4. Acompanham a música com palmas ou balançando as mãos etc. Elas seguem a música com o corpo, podem dançar.
5. Há emoção no personagem ao cantar esta música? Por quê?
6. O que a história nos mostra sobre a música? O que a música nos diz sobre o personagem?

12.2.4 Ética

É importantíssimo saber reconhecer a ética vivida pelo personagem, a mensagem da história e as implicações das ações na vida dos alunos.

A ética precisa ser cultivada desde a mais tenra idade, e as fábulas e os apólogos são ótimos pelas suas mensagens para esse fim. Em sala de aula, essas mensagens precisam ser aproveitadas pelo professor para serem debatidas, de acordo com a idade dos alunos, e pensadas com base nas implicações das ações dos personagens, com os leitores levando-as para o mundo ao seu redor.

A literatura traz, em suas histórias, vários tipos de ações egoístas, violentas, assim como outras que valorizam a solidariedade e mostram que o solidarizar-se com o outro, em suas necessidades, é essencial para as relações interpessoais, públicas e privadas. Aproveitar para trabalhar em cada aluno as emoções provocadas pelas histórias e ajudá-los a refletir sobre eles mesmos e sobre a importância de ações voltadas para o bem comum.

O professor é um especialista no aluno, e o seu aluno o percebe assim; logo, o seu modo de agir poderá fazer a diferença. Como já foi amplamente abordado, é importante saber respeitar os direitos de cada pessoa, sua orientação sexual e suas diferenças étnicas, culturais, regionais, de gênero, etárias e religiosas. Respeitar e cuidar do meio ambiente é essencial para os seres humanos continuarem vivendo neste planeta. Nossos biomas, mares, lagos e lagoas precisam ser preservados para o bem da humanidade.

De acordo com o conteúdo de cada história, é possível explorar e promover a reflexão sobre esses temas:

1. A solidariedade, a liberdade, o respeito ao diferente.
2. As limitações de cada um.
3. *Bullying*.
4. A responsabilidade de nossos atos e decisões.
5. A pluralidade ao nosso redor.
6. Preconceito.
7. Racismo.
8. Como evitar?
9. O que posso fazer para zelar pelo meio ambiente?
10. Sou responsável pelo lixo que faço.
11. A Amazônia.
12. Os mares, os rios, as lagoas.

Além de Língua Portuguesa, outras disciplinas podem integrar o projeto de leitura:

Educação Artística

A poesia faz parte integrante da vida, e música é vida; assim, ambas podem estar ligadas à literatura. Em sala de aula, devem ser promovidas essas atividades: recitar, interpretar, tocar instrumentos, cantar, além de criar outras poesias e músicas; desenhar, realizar trabalhos artísticos, confeccionar roupas e material cenográfico para o local da leitura e para a apresentação final.

Se houver professor de Artes, a professora da turma e ele podem trabalhar juntas. O trabalho com música e poesia pode levar a muitos outros, como parlendas, lendas, fábulas, quadrinhas, trava-línguas etc.

Educação Física

O ritmo e a dança trabalhados nas músicas das histórias são importantes instrumentos de comunicação, expressão e cultura. Dançar, coreografar, é de grande riqueza e muito lúdico. Refletir sobre a música pode ser bem interessante. Exemplos de temas para reflexão e/ou atividades:

1. Diferenças culturais entre locais. Folclore.
2. Dança espontânea.
3. A dança em cada região.
4. A importância da dança.
5. Criação de coreografias para os grupos.
6. Ensaio de uma peça de teatro inspirada na história.
7. Respeito às diferentes danças e culturas.

8. A procedência delas.

Matemática

A professora deverá fazer a ligação da história que está sendo lida com o conteúdo que for transmitir. Isso precisa ser preparado com antecedência. Exemplos: exercícios, jogos e problemas matemáticos envolvendo a história ou o cenário que estão preparando podem ser trabalhados etc. As crianças irão realizar as tarefas em pequenos grupos ou duplas.

Ciências Naturais

A ligação de cada história ao desenvolvimento científico poderá ajudar a compreender o mundo e suas transformações. Exemplos de temas para reflexão e debate:

1. Qual é a importância da limpeza dos oceanos?
2. O que é aquecimento global?
3. O que é fenômeno natural e o que está sendo provocado pelo ser humano?
4. O que poderemos fazer?
5. O solo.
6. A destruição da natureza.
7. O que a poluição com mercúrio pode causar?

Geografia

Identificação e reflexão sobre os diferentes aspectos da realidade ligados às histórias poderão ser promovidas por meio de perguntas e pesquisas incentivadas pelo professor. Exemplos:

1. Onde se passa esta história?
2. Em que região do Brasil? Como é essa região?
3. Se a história fosse real, em que região do Brasil você acha que ela ocorreria?
4. Pela história, como seriam as características da região e quais seriam suas riquezas?
5. Que problemas ela enfrentaria?
6. Quais são as riquezas da Amazônia?
7. O que a poluição pelo mercúrio nos rios pode causar?
8. O que o desmatamento pode ocasionar na Amazônia e no restante do país?

História

Algumas histórias remetem a fatos históricos, e outras podem levar o aluno a diferenciar o que é fato histórico daquilo que não é. Exemplos de temas para reflexão e debate:

1. Como ocorreu a escravidão no Brasil?
2. Quem foi Zumbi dos Palmares?
3. O que eram os quilombos?
4. O que os afrodescendentes deixaram de riqueza para a comida do brasileiro?
5. Em que época?
6. Qual é a lição que a História nos deixa sobre isso?

12.3   Etapa 3: Avaliações

Se o objetivo do projeto é levar alunos e professores a viajarem juntos por um mundo que os divirta e fascine, ouvir falar em prova não vai ajudar muito. Vejo elaborações de avaliações excelentes para projetos de leitura por parte de professores e coordenadores, mas sugiro que não sejam dadas como provas. Para ser algo prazeroso, é melhor efetuar avaliações constantes do trabalho com a participação dos alunos e verificar o interesse deles pelo projeto. A avaliação sobre a compreensão do texto poderá ser realizada por meio de jogos ou de trabalhos individuais ou em grupo (*online* ou *offline*).

A avaliação constante é necessária, pois, se for preciso, ao longo da realização do projeto algumas modificações podem ser feitas pelo professor e pelos alunos.

Se um aluno não estiver participando como os demais ou perdeu o interesse pelo projeto, o professor deve dar mais atenção a ele, motivá-lo e, se isso não ocorrer, não desencorajá-lo nem puni-lo, mas tentar perceber o que se esconde por trás de suas ações.

Se um grupo ou a própria turma começar a mostrar desinteresse, é importante verificar o que está ocorrendo e procurar resgatar o interesse e o prazer pela realização do projeto.

Pode ser que o professor tenha se desinteressado pelo trabalho. Por isso, ele também deve se autoavaliar, pois, para conseguir levar a magia das histórias à turma, ele precisa ser o primeiro a estar encantado com a história e o trabalho que está realizando.

Durante o período em que o trabalho estiver sendo feito, avaliações individuais e dos grupos devem ser realizadas pelo(s) professor(es). Exemplos:

1. O trabalho está sendo bem recebido pelos alunos?
2. Algum grupo está desmotivado? Se estiver, será importante procurar a causa junto aos alunos do grupo, refletir com eles, e o professor se autoavaliar.
3. Se for preciso, deve-se corrigir o que não estiver bem para ir em frente com toda a turma. A aprendizagem deve ser para todos. Deve-se estimular e incentivar os grupos que estão trabalhando bem.
4. O professor deve mostrar-se motivado e interessado em tirar o máximo proveito desse trabalho em relação a cada grupo e aluno.
5. Devem ser promovidos trabalhos em duplas em que os alunos mostrem a sua interpretação do texto, da mensagem, das poesias, das músicas, entre outros.

12.4 Etapa 4: Apresentação

Após a leitura e o trabalho realizado sobre o texto, os personagens etc., chega o momento da apresentação da história, cuja escolha sobre o que fazer e como fazer deve ocorrer com os alunos e professor(es) envolvidos. É um momento importante para estender o encantamento à categoria da magia e do inesquecível. Quanto maior for a atenção dada, maior será a percepção das crianças em relação à importância da leitura feita e do trabalho que realizaram.

São muitas as formas de apresentação. A escolha deve ser feita entre as crianças e o(s) professor(es). Todos devem ser ouvidos e participar de uma votação. Se houver divergência na apresentação e houver a possibilidade de mais de uma forma de apresentação, isso deve ser pensado. As apresentações poderão ocorrer por meio de um livro feito e apresentado pelos alunos com uma nova história (ou reescrever aquela que foi trabalhada), uma peça de teatro ou um musical, com as crianças cantando e dançando, fantoches, teatro de varas, teatro de sombras, cineminha ou televisão, dedoches, avental para contar histórias, gravuras, *data show* etc. Cada grupo poderá fazer uma apresentação diferente da do outro. Não há uma norma, e sim o que for combinado. É prazer com responsabilidade, e jamais algo para estresse, brigas e castigos.

A presença da família e de toda a escola torna ainda maior o evento para a criança.

12.5 Etapa 5: Avaliação Final

Após a apresentação, deve ocorrer uma avaliação do professor junto aos alunos sobre tudo o que foi feito e sobre a apresentação. Exemplos:

1. O que acharam bom? E o que deveria mudar?

2. As crianças poderiam fazer uma avaliação por escrito sobre a sua participação no trabalho e trazer sugestões para outro projeto interdisciplinar de leitura.

Será importante fazer uma avaliação com toda a comunidade escolar envolvida (gestores, diretores, coordenadores, professores e os pais dos alunos) para que seja analisado o que pode ser conservado e o que precisa ser repensado e talvez modificado.

O objetivo terá sido alcançado se o projeto tiver encantado a todos: alunos, profissionais da Educação e pais, deixando o desejo de viver outras experiências mágicas por meio da literatura infantojuvenil, da ética, da poesia e da música.

13. Material para o Projeto

> *"Tudo quanto aumenta a liberdade aumenta a responsabilidade. Tudo o que aumenta a liberdade aumenta a responsabilidade. Para ser livre, nada é mais sério; a liberdade é pesada e todas as correntes que ela retira do corpo são adicionadas à consciência."*
> **(Victor Hugo)**[46]

No Brasil, temos riqueza de bons autores de livros infantojuvenis, em muitas editoras, e o material para este projeto não será difícil. As histórias, como já vimos, precisam encantar os alunos e abordar temas ligados à ética pessoal e ecológica. No mesmo livro ou, se preferir, em outro, ou até mesmo pela internet, é possível encontrar poesias e músicas para serem trabalhadas no projeto.

Quando fui professora do Ensino Fundamental I, eu adorava contar histórias e ler com os meus alunos. Como a poesia e a música faziam parte da minha vida, procurava livros, poesias e músicas em CDs, ou eu mesma criava letra e música para trabalhar com eles. Uma vez, fizemos um projeto de leitura sobre a "importância da água", e a poesia e a música do Guilherme Arantes foram fundamentais para o trabalho. Já trabalhei com

---

[46] HUGO, Victor. **Tudo quanto aumenta a liberdade, aumenta a responsabilidade.** Disponível em: <http://www.citador.pt/frases/tudo-quanto-aumenta-a-liberdade-aumenta-a-respon-victor-marie-hugo-147>. Acesso em: 6 fev. 2020.

poemas de Cecília Meireles, Cora Coralina, Vinícius de Morais, Toquinho, Gonzaguinha e muitos outros.

Escolha o tema, procure o livro infantojuvenil que melhor se adapte a seus alunos e então pense nos poemas e músicas. Como sugestões de literatura infantojuvenil que trazem história, ética, poesia e música em um só livro, citarei as obras de minha autoria. Mas volto a dizer que o projeto de leitura aqui proposto pode ser trabalhado com outros livros, poesias e músicas.

Os meus livros vêm acompanhados de CDs com músicas, que também podem ser ouvidas na plataforma da Editora do Brasil. Os livros foram publicados em papel e alguns *online*.

14. Leituras Recomendadas

ADORO PAPEL. Arte e Cultura. **Dia Nacional da Poesia: deixe-se seduzir por este gênero literário.** 12 março 2015. Disponível em: <http://adoropapel.com.br/ 2015/03/dia-nacional-da-poesia-deixe-se-seduzir-por-este-genero-literario/>. Acesso em: 12 set. 2019.

AGUIAR, Maria Cristina. **Música e poesia: a relação complexa entre duas artes da comunicação.** Revista Forum Media. n. 6. Viseu: Escola Superior de Educação de Viseu, 2013. Disponível em: <http://www.ipv.pt/forumedia/6/13.pdf>. Acesso em: 4 fev. 2020.

AGUIAR, Vera Teixeira de. **Literatura e educação: diálogos.** In: PAIVA, Aparecida; MARTINS, Aracy; PAULINO, Graça; CORRÊA, Hércules; VERSIANI, Zélia (Orgs.). Literatura: saberes em movimento. Belo Horizonte: Ceale/Autêntica, 2007.

CADEMARTORI, Ligia. **O que é literatura infantil.** 3. ed. São Paulo: Editora Brasiliense, 1987.

CECCHETTO, Fabio. **Entre a literatura e a música: o poético e o lúdico no contexto da canção da MPB.** Darandina Revisteletrônica. v. 4. n. 1. Juiz de Fora: UFJF, 2011. Disponível em: <http://www.ufjf.br/darandina/files/2011/06/Entre-a-literatura-e-a-música-o-poéti co-e-o-lúdico-no-contexto-da-canção-da-MPB.pdf>. Acesso em: 4 fev. 2020.

COELHO, Vânia Maria Bemfica Guimarães Pinto; SANTOS, Helena Caldeira Teixeira. **Ética, educação e cidadania.** Revista Jus-FADIVA. Varginha: FADIVA, 2008. Disponível em: <www.fadiva.edu.br/documentos/jusfadiva/2008/1.pdf>. Acesso em: 4 fev. 2020.

DELORS, Jacques (Org.). **Educação, um tesouro a descobrir – Relatório para a Unesco da Comissão Internacional sobre Educação para o Século XXI.** 7. ed. Editora Cortez, 2012.

FRANÇA, Luísa. **Competências e Habilidades no ensino: o que são e como aplicá-las?** Somos Par. 30 jan. 2020. Disponível em: <https://www.somospar.com.br/competencias-e-habilidades/>. Acesso em: 6 fev. 2020.

FREIRE, Paulo. **O poema A Escola é autoria de Paulo Freire? Perguntas frequentes.** In: Instituto Paulo Freire. Disponível em: <https://www.paulofreire.org/perguntas-frequentes>. Acesso em: 2 mar. 2020.

FURTADO, Maria Cristina. **Magia: o mestre dos sonhos.** São Paulo: Editora do Brasil, 1991.

_____. **O Rei Leão careca.** São Paulo: Editora do Brasil, 2017.

GALLARDO, Alejandro Martínez. **Si no lees, no sabes escribir, y si no sabes escribir, no sabes pensar.** 2016. Disponível em: <https://pijamasurf.com/2016/10/si_no_lees_no_sabes_escribir_y_si_no_sabes_escribir_no_sabes_pensar/>. Acesso em: 6 fev. 2020.

GAROFALO, Débora. **Como levar a aprendizagem criativa para dentro da sala de aula.** Nova Escola. 23 out. 2018. Disponível em: <https://novaescola.org.br/conteudo/12916/como-levar-a-aprendizagem-criativa-para-dentro-da-sala-de-aula>. Acesso em: 17 mai. 2019.

GERALDI, João Wanderley. **Prática da leitura na escola.** In: GERALDI, João Wanderley (Org.). O texto na sala de aula. São Paulo: Editora Ática, 2000. p. 91.

GREGORIN FILHO, José Nicolau. **Literatura infantil: múltiplas linguagens na formação de leitores.** São Paulo: Melhoramentos, 2012. [Kindle].

HERNÁNDEZ, Fernando; VENTURA, Montserrat. **A organização do currículo por projetos de trabalho: o conhecimento é um caleidoscópio.** 5. ed. Porto Alegre: Artmed, 1998.

_____. **O futuro da Escola.** O Estado de S. Paulo. 27 jun. 2018. Disponível em: <https://cultura.estadao.com.br/noticias/geral,o-futuro-da-escola,70002370653>. Acesso em: 6 fev. 2020.

HUGO, Vitor. **Actes e paroles – Paris et Rome.** Wikisource la bibliothèque libre. Volume 5. djvu/1875-1876. p. 32/33. Disponível em: <https://fr.wikisource.org/wiki/Page:Hugo_-_Actes_et_paroles_-_volume_5.djvu_/42>. Acesso em : 19 nov. 2019.

LAJOLO, Marisa. **Do mundo da leitura para a leitura do mundo.** 2. ed. São Paulo: Editora Ática, 2002.

LIBÂNEO, José Carlos. **A didática e a aprendizagem do pensar e do aprender: a teoria histórico-cultural da atividade e a contribuição de Vasili Davydov.** Revista Brasileira de Educação. n. 27. set. out. nov. dez. 2004. Rio de Janeiro. p. 6. Disponível em: <http://www.scielo.br/pdf/rbedu/n27/n27a01>. Acesso em: 6 fev. 2020.

MOURA, Daniela Pereira de. **Pedagogia de projetos: contribuições para uma educação transformadora.** Só Pedagogia. 29 out. 2010. Disponível em: <https://www.pedagogia.com.br/artigos/pedegogiadeprojetos/index.php?pagina=0>. Acesso em: 6 fev. 2020.

OLIVEIRA, Elida; MORENO, Ana Carolina. **Brasil está estagnado há dez anos no nível básico de leitura e compreensão de textos, aponta Pisa 2018.** G1 Educação. 3 dez. 2019. Disponível em: <https://g1.globo.com/educacao/noticia/2019/12/03/brasil-esta-estagnado-ha-dez-anos-no-nivel-basico-de-leitura-e-compreensao-de-textos-aponta-pisa-2018.ghtml>. Acesso em: 4 fev. 2020.

PAR. Plataforma educacional. **Competências socioemocionais na BNCC.** Disponível em: <http://conteudos.somospar.com.br/lp-ebook-competencias-socioemocionais-na-bncc>. Acesso em: 20 nov. 2019.

PONSO, Caroline Cao. **Música em diálogo: ações interdisciplinares na Educação Infantil.** Porto Alegre: Editora Sulina, 2008.

RASPANTI, Márcia Pinna. **A calça comprida e a emancipação feminina.** História Hoje. 14 out. 2016. Disponível em: <http://historiahoje.com/a-calca-comprida-e-a-emancipacao-feminina/>. Acesso em: 6 fev. 2020.

SANTOS, Caroline Cassiana Silva dos; SOUZA, Renata Junqueira de. **Programas de leitura na biblioteca escolar: a literatura à serviço da formação de leitores.** In: SOUZA, Renata Junqueira de (Org.). Biblioteca escolar e práticas educativas: o mediador em formação. Campinas: Mercado das Letras, 2009.

SARAIVA, Diego Camargo; MARTINS, Naura. **A música como instrumento essencial para aprendizagem.** Revista EnsiQlopédia, v. 9. n. 1. out. 2012. p. 16-22. Faculdade Cenesista de Osório: Osório, 2012.

TARDIF, Maurice; LESSARD, Claude. **O ofício de professor.** Petrópolis: Editora Vozes, 2008.

UOL. BBC News. **As profissões ameaçadas pelos avanços tecnológicos.** 20 dez. 2018. Disponível em: <https://economia.uol.com.br/noticias/bbc/2018/12/20/as-profissoes-ameacadas-pelos-avancos-tecnologicos.htm?cmpid=copiaecola>. Acesso em: 6 fev. 2020.

ZANDONADI, Cristiane. **Cidadania e ética na escola na busca da formação moral.** Palestras educacionais. 21 out. 2009. Disponível em: <https://geracaoescola.blogspot.com/2010/07/cidadania-e-etica.html>. Acesso em: 6 fev. 2020.

ZILBERMAN, Regina. **A literatura infantil na escola.** São Paulo: Editora Global, 2007.

Conheça os livros da autora

Maria Cristina Furtado

Flor de maio – Uma história de superação. A primeira edição foi em 1986 e tornou-se um *best-seller*, a segunda foi publicada em 2004. A história alerta para o perigo dos agrotóxicos e trata de solidariedade, amizade, luta pela vida e consciência ecológica. As músicas da história podem ser encontradas na plataforma da Editora do Brasil.

Pretinho, meu boneco querido – Primeira edição em 1991; segunda edição em 2008. Representou o Brasil na 46th Bologna Children's Book Fair, em 2009, e em 2013 fez parte do PNLD Complementar. O livro aborda a diversidade étnica e fala sobre escravidão, racismo, ciúme, discriminação, justiça e amor. Por meio da poesia e da música, aborda a importância do afrodescendente e da igualdade racial e social no Brasil. As músicas da história podem ser encontradas na plataforma da Editora do Brasil.

A fábrica mágica – Primeira edição em 2011. Brinquedos mágicos sofrem um acidente e tornam-se especiais. A narrativa aborda o respeito ao diferente, a união e a superação, vencendo o preconceito e trazendo a inclusão. As músicas da história podem ser encontradas na plataforma da Editora do Brasil.

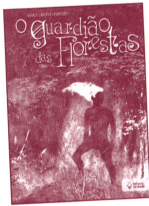

O guardião das florestas – Primeira edição em 2006. Trata do desmatamento da Amazônia, da caça de animais silvestres e da poluição dos rios pelo garimpo, trazendo, por meio de uma aventura na floresta, a reflexão sobre consciência ecológica e a importância da preservação da Amazônia. As músicas da história podem ser encontradas na plataforma da Editora do Brasil.

A revolta das águas – Primeira edição em 2014. O rei Poseidon leva um grupo de crianças de diversas partes do mundo para conhecer o fundo do mar e depois lhes dá a missão de encaminhar aos seus governantes a "petição das águas", um tratado sobre o que fazer para acabar com a poluição dos mares, lagoas e rios. Trata-se de uma aventura que traz reflexão e importante conscientização ecológica. As músicas da história podem ser encontradas na plataforma da Editora do Brasil.

A grande campeã – Primeira edição em 2015. É a história de três gaivotas que disputam as Olimpíadas da escola. Na competição, ocorrem alguns problemas, que colocam em risco a vida de uma delas. Traz uma reflexão sobre esporte, rivalidade, amizade, respeito, amor e valorização da vida. As músicas da história podem ser encontradas na plataforma da Editora do Brasil.

O rei leão careca – Primeira edição em 1991; segunda edição em 2017. A história aborda o *bullying* e a importância do respeito ao outro (aquele diferente de mim), da liberdade, igualdade e democracia, além de promover uma reflexão sobre perceber além do que é possível ver. As músicas da história podem ser encontradas na plataforma da Editora do Brasil.

Viva a liberdade! – Primeira edição em 1986; segunda edição em 2006; terceira edição em 2019. Relata a luta "sem violência", travada pelo uso de uma estratégia, para trazer o leão de volta à floresta e expulsar o tigre. O livro trata da importância da união, inteligência, democracia e de se pensar e agir como equipe. As músicas podem ser encontradas na plataforma da Editora do Brasil.

Conheça outros títulos da série

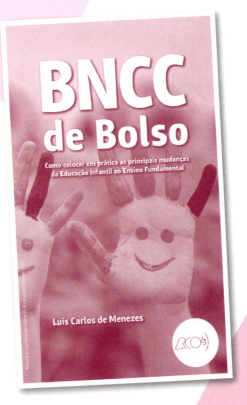

Adquira pelo site:

www.editoradobrasil.com.br

Conheça outros títulos da série

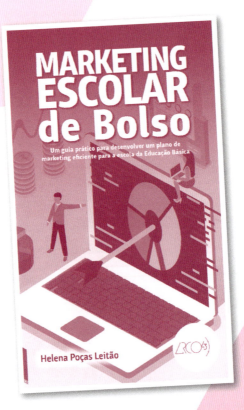

Adquira pelo site:

www.editoradobrasil.com.br

Central de Atendimento
E-mail: atendimento@editoradobrasil.com.br
Telefone: 0300 770 1055

Redes Sociais
facebook.com/editoradobrasil
youtube.com/editoradobrasil
instagram.com/editoradobrasil_oficial
twitter.com/editoradobrasil

Acompanhe também o Podcast Arco43!

Acesse em:

www.editoradobrasil.podbean.com

ou buscando por Arco43 no seu agregador ou player de áudio

Spotify   Google Podcasts   Apple Podcasts

www.editoradobrasil.com.br

impressão acabamento
rua 1822 nº 341
04216-000 são paulo sp
T 55 11 3385 8500/8501 • 2063 4275
www.loyola.com.br